# Inhalt

## Personalcontrolling - reines Personalkostenmanagement?

Kernthesen

Beitrag

Fallbeispiele

Weiterführende Literatur

Impressum

GENIOS WirtschaftsWissen Nr. 04/2007 vom 18.04.2007

# Personalcontrolling - reines Personalkostenmanagen

*I.Lukmann*

## Kernthesen

- Das Thema Personalcontrolling gewinnt für Unternehmen zunehmend an Bedeutung. (1)
- Das Personalcontrolling unterstützt das Management durch die Zusammenstellung und Analyse von personalwirtschaftlichen Kennzahlen. Diese Kennzahlen sind dazu geeignet, die Beschaffung sowie den Einsatz von Mitarbeitern zu messen. Hierzu gehören Kennzahlen wie zum Beispiel Fluktuationsquoten oder der Anteil an Überstunden im Verhältnis zur

Grundvergütung. (7)
- So genannte Business-Intelligence-Systeme können dabei helfen, die Anforderungen an das Personalcontrolling zu erfüllen. (3)

# Beitrag

Personalabteilungen sind im Wandel begriffen: Ein Personalleiter ist nach modernen Verständnis nicht mehr ein Sachverwalter der Ressource Personal. Neben der Umsetzung von Qualifizierungs- und Weiterbildungsbedarf der Mitarbeiter muss ein Personalleiter heutzutage auch die Wirksamkeit der umgesetzten Maßnahmen mit geeigneten Instrumenten messbar machen und kontrollieren. Das Thema Personalcontrolling gewinnt daher zunehmend an Bedeutung. (1)

# Definition Personalcontrolling

Das Messbarmachen von Leistungen im personalwirtschaftlichen Kontext ist der wesentliche Inhalt des Personalcontrollings. Unter Personalcontrolling werden Verfahren, Techniken sowie Regeln subsumiert, die dazu geeignet sind, personalwirtschaftliche Fragestellungen im Rahmen von Kennzahlen, Kontrollgrößen oder Abweichungsanalysen festzuhalten und hierdurch die Personalwirtschaft eines Unternehmens zu steuern. Die Deutsche Gesellschaft für Personalführung e.V. (DGFP) hat eine praxisorientierte Definition zum Begriff des Personalcontrollings entwickelt. Diese Definition zeigt auf, dass das Personalcontrolling im Rahmen der aktuellen und zukünftigen Unternehmensentwicklungen das Optimum zwischen Personalaufwand und Personalleistung ermitteln sollte. Dies lässt sich über Kennzahlen wie zum Beispiel Zeit, Menge und Qualität in ein Verhältnis zueinander setzen.

Das Personalcontrolling nutzt hauptsächlich ökonomische Kennzahlen zur Leistungsmessung. Hierzu gehören beispielsweise Kennzahlen wie Produktivität, Kapazitäten oder der Zeitverbrauch. Alle Prozesse, die sozial oder verhaltensbezogen auf die Erbringung von Leistung ebenfalls Einfluss haben können und hierdurch indirekt auch in die Werte der eben genannten Kennzahlen einfließen, werden im Rahmen des Personalcontrollings nicht erfasst. Die Auswertung des Personalcontrollings unterstützt das Management eines Unternehmens bei der Planung und Umsetzung der für das Unternehmen notwendigen Humanressourcen. Dadurch hat das Personalcontrolling eine zunehmend strategische Bedeutung für die Entwicklung eines Unternehmens.

(7), (8), (9), (10), (11)

# Einbindung des Personalcontrollings in bestehende Unternehmensstrukturen

In den vergangenen Jahren hat das Personalcontrolling in zahlreichen Unternehmen Einzug gehalten. In der Regel ist das Personalcontrolling eine eigenständige Organisationseinheit bzw. existiert als Teilbereich der Personalabteilungen oder des Controllings eines Unternehmens. (2), (9)

# Instrumente des Personalcontrollings

Das Personalcontrolling nutzt beispielsweise die Balanced Scorecard sowie Kennzahlenanalysen und Frühwarnsysteme als Instrumente zum Messbarmachen von personalwirtschaftlichen Fragestellungen. Frühwarn- und

Früherkennungssysteme sind für Unternehmen wichtig, da diese eine Änderung der Unternehmenssituation aufzeigen. Die ermittelten Werte sollten sich noch innerhalb der definierten Toleranzgrenzen befinden, sodass das Unternehmen rechtzeitig Korrekturen an der betreffenden Stelle umsetzen kann. Effizient sind solche Frühwarnsysteme nur dann, wenn sie unternehmensspezifische Merkmale berücksichtigen.

Zu den Instrumenten zum Messbarmachen von Erfolgspotenzialen bzw. als Steuerungskennzahlen für das Management gehören unter anderem folgende Kennzahlen: Arbeitsproduktivität, Unternehmenskultur, Wertschöpfungsprozesse oder auch Kompetenzen. Mit Hilfe dieser Kennzahlen und den entsprechenden Kennzahlenanalysen bzw. Schwachstellenanalysen kann das Personalcontrolling im Rahmen eines Frühwarnsystems ermitteln, in welchen Bereichen Gegenmaßnahmen erforderlich sind. Eine systematische Steuerung solcher Personalkennzahlen kann so beispielsweise ermitteln, dass die Fluktuationsrate hoch ist und als Gegenmaßnahme vorschlagen, dass die Personaleinsatzplanung verbessert werden könnte.

Es gibt in Unternehmen zahlreiche Faktoren und Kosten, die im Personalcontrolling berücksichtigt werden können. Hierzu gehören beispielsweise folgende Punkte:

-Auswirkungen auf finanzielle oder organisatorische Änderungen, die aus den Änderungen des Arbeitsrechts resultieren.
-Messbarmachen der Effekte aus Maßnahmen zur Förderung der Mitarbeitermotivation
-Kostenfaktoren, die den Personalmanagementprozess aufzeigen. Hierzu zählen beispielsweise Planung, Selektion und Auswahl von neuen Mitarbeitern sowie die Kosten, die beispielsweise bei einer Konfliktlösung im Rahmen eines Gerichtsverfahrens anfallen.
-Eine Abbildung der Vergütung verschiedener Arbeitsverhältnisse wie zum Beispiel Telearbeitsplätzen.
-Ertragswerte, die durch Mitarbeiter eines Unternehmens geschaffen werden. (2), (6), (7)

# Zeitgemäßes Personalcontrolling: Business-Intelligence (BI)-Werkzeuge

Die Einführung von Personalwirtschaftssystemen erleichtert die Arbeit des Personalcontrollings. Um neben Kostenangaben auch den Bestand des Personals oder die Bewertung der Mitarbeiter analysieren zu können, sind so genannte Business-Intelligence (BI)-Werkzeuge ein geeignetes Verfahren. Durch BI-Systeme können das Analysieren, Planen sowie die Auswertungsmöglichkeiten der erforderlichen Daten sinnvoll vereinfacht werden. Möglich wird dies, da BI-Systeme nicht auf ein spezifisches Quellsystem beschränkt sind, sondern auf verschiedene Systeme gleichzeitig zugreifen können. Hierzu gehören beispielsweise folgende Quellen: SAP HR für Personalmanagement, Paisy für Personalabrechnung oder die Abrechnungen von Kostenstellenrechnungen. Eine Integration aller notwendigen Quellsysteme vereinfacht die Arbeit des Personalcontrollings, da eine zusätzliche Bearbeitung der einzeln anfallenden Daten in Excel oder Access in der Regel nicht mehr notwendig ist. (3), (5)

## Fallbeispiele

Ein Unternehmen der Energieversorgungsbranche hat ein SAP Business-Information-Warehouse-System in ihr Unternehmen eingeführt. Hintergrund waren steigende Anforderungen an die Personalabteilung, unternehmensweit gültige Kennzahlen auch der Töchterunternehmen des Energieversorgers in ein System zu integrieren. Die Töchterunternehmen waren bereits in ein zentralisiertes HR-System integriert, sodass das BI-System nur in ein Personalwirtschaftssystem eingegliedert werden musste. Hierdurch wurden verschiedene Berechnungsformen der Kennzahlen harmonisiert. Ein weiterer Vorteil bestand darin, dass die Personalabteilungen auf diese Weise einen umfassenden Einblick in Personaldaten und -statistiken wie zum Beispiel Fluktuation, FTE-Anzahl (Full-Time-Equivalents), Fehlzeiten oder Altersstruktur erhielten. Personalcontroller können sich, durch die Einführung des BI-Systems, in Zukunft zunehmend auf die Analyse von Kennzahlen sowie der Ableitung eventueller Maßnahmen konzentrieren. Insgesamt hat durch die Einführung des BI-Systems das Unternehmen eine Zeitersparnis von 75 Prozent bei der Erstellung von Berichten erlangt. (3)

# Weiterführende Literatur

(1) Vom Verwalter zum Visionär
aus Süddeutsche Zeitung, 10.02.2007, Ausgabe Deutschland, S. V2/11

(2) Personalcontrolling in Polen

aus Personal Nr. 02 vom 01.02.2007 Seite 036

(3) Zeitgemäßes Personalcontrolling
aus PERSONALmagazin, Heft 03/2007, S. 60

(4) Gajo, Marianne, Trends in der mittelständischen Personalarbeit, GmbHR - GmbH-Rundschau, Heft 03/2007, S. R44
aus PERSONALmagazin, Heft 03/2007, S. 60

(5) HUMAN-RESOURCES-SOFTWARE - Wo Treue noch zählt
aus ProFirma, Vol. 9, Heft 09/2006, S. 56-59

(6) Erfassung und Bewertung von Humankapital - Kritische Anmerkungen zur Saarbrücker Formel
aus Betriebswirtschaftliche Forschung und Praxis, Heft 01/2007, S. 038-058

(7) Personalcontrolling - Praxisbeispiel zur Einführung eines Kennzahlensystems
aus Bilanzbuchhalter und Controller, Heft 04/2005, S. 76

(8) Paradoxa beim Personalcontrolling
aus Betriebswirtschaftliche Forschung und Praxis, Heft 01/2005, S. 1-11

(9) Erfolgsmessung im Personalcontrolling - Reflexionsinput oder Rationalitätsmythos?
aus Betriebswirtschaftliche Forschung und Praxis, Heft 01/2005, S. 43-57

(10) Fleig, Günther, Gesmann, Volker, Biel, Alfred, Strategisches Personalcontrolling in der DaimlerChrysler AG, Controlling, Heft 8-9/2004, S. 465 aus Betriebswirtschaftliche Forschung und Praxis, Heft 01/2005, S. 43-57

(11) Die Beurteilung der Personalarbeit: Informationen mit beschränkter Einsicht aus Zeitschrift für Personalforschung (ISSN 0179-6437). 20. Jg., Heft 1, 2006, S. 22-41

# Impressum

## Personalcontrolling - reines Personalkostenmanagement?

**Bibliografische Information der deutschen Nationalbibliothek**

Die Deutsche Nationalbibliothek verzeichnet diese Publikation in der deutschen Nationalbibliografie; detaillierte bibliografische Daten sind im Internet über http://dnb.d-nb.de abrufbar.

ISBN: 978-3-7379-0196-3

© 2015 GBI-Genios Deutsche Wirtschaftsdatenbank GmbH, Freischützstraße 96, 81927 München, www.genios.de

Alle Rechte vorbehalten. Dieses Werk ist einschließlich aller seiner Teile – z.B. Texte, Tabellen und Grafiken - urheberrechtlich geschützt. Jede Verwertung außerhalb der Grenzen des Urheberrechtsgesetzes bedarf der vorherigen Zustimmung des Verlags. Dies gilt insbesondere auch für auszugsweise Nachdrucke, fotomechanische Vervielfältigungen (Fotokopie/Mikroskopie), Übersetzungen, Auswertungen durch Datenbanken oder ähnliche Einrichtungen und die Einspeicherung und Verarbeitung in elektronischen Systemen.